SUITE DES ERREURS SUR LA MUSIQUE DANS L'ENCYCLOPÉDIE.

Enharmonique, p. 688.

Où brillent l'érudition de M. Rousseau, & les lumières qu'il en a tirées pour nous éclairer sur le *Genre Enharmonique*; quelques mots Grecs, au sujet de ce genre, se sont offerts à ses yeux comme autant de flambeaux dont il s'est laissé éblouir, & dont apparemment il a crû pouvoir nous éblouir de même.

Si les effets merveilleux de la Musique des Grecs ont pû nous en imposer, c'est à tort qu'on y a compris leur théorie, puisqu'elle péche également & contre l'oreille & contre la raison ; la preuve en est dans les faux rapports qu'ils ont donnés partout aux *Tierces* & aux *Sixtes*, qu'ils ont par conséquent traitées de dissonnances pendant près d'un siécle.

Se peut-il que dans un tems où s'éprouvoient ces effets merveilleux racontés par les Grecs, ils ayent été insensibles à la consonnance des *Tierces* & des *Sixtes* comprises dans l'harmonie, qui seule est capable de produire ces effets ; puisqu'elle est seule capable de pénétrer jusqu'à l'ame.

Quand même ces effets n'auroient été dûs qu'à la mélodie, ce qui n'est guéres vraisemblable (*a*) ; un chant peut-il exister sans *Tierces* ni *Sixtes* ; ne sera-t-il pas insupportable si peu que ces consonnances y soient altérées ? les Grecs n'ont-ils pas entendus ces mêmes consonnances dans toute leur justesse entre l'*ut*,

(*a*) Cette question est traitée dans les *Erreurs* précédentes sur la Musique, données en 1755. p. 44. & la suite.

le *mi* & le *ſol* de la Trompette ; conſonnances ſur leſquelles ſeules roulent tous les airs propres à cet inſtrument ? conſultoient-ils l'oreille, ou non, pour accorder leurs Lyres, où ſelon l'ordre de leurs Tétracordes, ſe trouvent une *Tierce mineure* de *ſi* à *ré*, une *majeure* d'*ut* à *mi*, & des *Sixtes* du même genre à la faveur des octaves ? une conſonnance altérée eſt inappréciable à l'oreille ; de ſorte même qu'en l'entonnant, ſans y penſer, on ne peut que l'entonner juſte : la Nature guide l'oreille, l'oreille guide la voix, ainſi tout rapport donné à un intervalle ne déterminera jamais l'oreille à s'y prêter, s'il n'eſt naturel.

Que de raiſons contre la conduite des Anciens dans leurs ſyſtêmes de Muſique ? comment eſt-ce qu'aucune de ces raiſons ne s'eſt préſentée à l'eſprit de leurs admirateurs, & ſurtout de nos Modernes, à qui l'invalidité de ces ſyſtêmes s'eſt faite aſſez connoître depuis Zarlino.

On ne comprend pas comment les Grecs ont pû ſe diſpenſer de conſulter l'oreille ſur leurs ſyſtêmes de Muſique, pendant que c'eſt par ſon ſeul canal qu'ils ont pû juger des effets de cet Art : d'où leur eſt venue, par exemple, l'idée d'harmonie, qui dérive d'ἁρμὸς ; c'eſt-à-dire, *proportion des choſes qui s'entre-*

tiennent, si ce n'est, sans doute, de *l'octave* divisée par la *Quinte* & la *Quarte*, dont se forme cette proportion 2, 3, 4 ? & comment n'ont-ils pas été curieux d'éprouver la même proportion entre 3, 4, 5, & 4, 5, 6, où ils auroient pour lors éprouvé la consonnance des *Tierces* ? tout parle contre eux; quelque raison qu'on apporte pour pallier leur erreur.

Quant à la fable où l'on veut que Pythagore ait, de sa propre autorité, déterminé le rapport du *Diton*, dit, *Tierce majeure*, je ne crois pas qu'on l'ait jamais trouvée dans ses écrits : apparemment que n'ayant pû découvrir la ſource de ſon ſyſtême, on lui a prêté cette fable, en lui ſuppoſant, en même tems, un défaut de jugement, comme M. Rameau l'a déja remarqué (*a*).

Les rapports de quelques objets que ce ſoit nous ſeront-ils jamais connus, avant que d'en avoir pû juger ſur le rapport de nos ſens? puis-je prétendre que deux grandeurs ſont ſemblables ſans les avoir vuës, touchées, ni meſurées? comment Pythagore a-t-il jugé des rapports de l'*Octave*, de la *Quinte*, & de la *Quarte*, ſur leſquels ſon ſyſtême eſt fondé, ſi ce n'eſt en

(*a*) Obſervations ſur notre Inſtinct pour la Muſique, p. 16. & la ſuite.

entendant ces consonnances, & en leur attribuant ensuite les rapports des corps qui les lui ont fait entendre ? pourquoi donc n'en auroit-il pas fait autant du *Diton*, s'il n'eût pas été séduit, sans doute, par les progressions que ces premiers rapports lui ont suggéré ? (*a*) progressions où se trouvent les rapports, bons ou mauvais, de tous les intervalles propres à la Musique, & sur lesquels sa prévention en faveur de sa découverte lui a fait négliger apparemment toute autre preuve ; mais les Sectateurs de ce Philosophe, tous les Grecs en un mot, devoient-ils s'en tenir

(*a*) Ibidem.

là ? qu'ont-ils fait de leur oreille en adoptant son systême ?

Rien n'est plus concluant sur l'ignorance des Anciens en Musique, que les différents *Systêmes Diatoniques* dont ils nous ont fait part, lorsqu'il n'y en a qu'un dans la Nature, qui seul nous est suggéré. Qui plus est, que signifient ces *Systêmes Chromatiques* & *Enharmoniques* qu'ils proposent, lorsqu'il n'y a qu'un seul intervalle de chacun de ces genres, & lorsque le Diatonique, qui préside partout, ne peut jamais être interrompu que par l'un de ces intervalles ? Que dis-je ! l'Enharmonique ne peut pas même exister par l'intervalle qui le constitue, comme je vais l'expliquer.

Quant aux genres *Diatoniques Enharmoniques*, & *Chromatiques Enharmoniques*, ce sont des extraordinaires auxquels aucun système ne convient, & dont il suffit d'expliquer l'ordre, qui consiste d'un côté en deux *demi-tons majeurs* de suite, & de l'autre, en deux *mineurs*.

Jamais le *quart de ton*, dont se forme le genre Enharmonique, ne peut avoir lieu en harmonie, non plus qu'en mélodie, parce qu'il est inapprétiable à l'oreille; & si en miólant, en glissant le doigt sur une corde, on peut y passer, on ne peut jamais s'y fixer, comme au *ton* & au *demi-ton*, encore ne sait-on pas lequel des deux *demi-tons* on entonne, le *majeur* ou le *mineur*, dès qu'aucun sentiment de modulation n'y participe, parce que leur différence, qui est de ce *quart de ton*, ne peut s'apprétier.

Aussi n'est-ce ni sur le quart de ton des Grecs, ni sur celui que donne la différence des deux demi-tons, que doit se fonder le genre Enharmonique ; mais bien sur les deux sons en différence de ce quart de ton, savoir par exemple, *ut* & *si dièze*, qui n'en peuvent plus former qu'un dans l'exécution, attendu l'inapprétiabilité de leur différence; or il se trouve autant de différences entre ces deux sons, qu'il y a de colomnes dans les progressions (*a*): dans la premiére colomne *si diéze* surpasse *ut* du *comma maxime*, dit *de Pythagore:* dans la seconde, il ne le surpasse plus que de l'excès de ce *comma* sur le *majeur:* dans la troisiéme, *ut* surpasse à son tour *si diéze* du *comma mineur:* & dans la quatriéme, il le surpasse enfin du vrai quart de ton, for-

(*a*) Nouveau Systême de Musique &c. Génération Harmonique, & Démonstration du Principe de l'Harmonie.

mé du *comma majeur* & du *mineur* (*a*). Croira-t-on pour lors que le même intervalle fera la différence de ces deux sons partout où ils pourront se succéder immédiatement ? les douze *Modes* (*b*), où l'on peut passer à la faveur de l'accord de la *septiéme diminuée*, seul accord propre au genre en question, se prendront-ils tous dans la même colonne, vû l'extrême différence qui doit se trouver entre leurs différents rapports ? On en peut faire

(*a*) Comma Maxime.

18e octave d'ut	*si dièze*
524288.	531441.

Comma Majeur.

4e octave du *mi* de la 2e colomne.	*mi* de la premiere colomne.
80.	81.

Comma Mineur.

si dièze de la 3e colomne.	11e octave d'*ut*.
2025.	2048.

Quart de ton.

si dièze de la 4e colomne.	7e octave d'*ut*.
125.	128.

(*b*) P. 56. des Erreurs précédentes.

l'épreuve, & l'on s'appercevra que toute différence pareille à celle d'*ut* à *si dièzé*, sera différemment sensible, & que même elle coutera plus ou moins au Chanteur, selon le plus ou le moins de rapport entre les deux *Modes* qui s'y succéderont.

Si les *Modes* donnés par les Grecs pouvoient faire augurer qu'ils connoissoient surtout le *Mode mineur*, dans lequel seul l'*Enharmonique* est pratiquable, même le *Chromatique*, à peu de choses près : si l'on en pouvoit augurer, d'ailleurs, qu'ils pratiquoient les transpositions de *Modes*, & que par ce moyen ils possédoient l'art de passer d'un

Mode à un autre, on auroit encore lieu de douter de la régularité de leur pratique, vû les preuves qu'ils donnent d'ailleurs de leur ignorance en harmonie; mais tous leurs différents *Modes* ne sont que le même *Mode majeur* tiré de leur Tétracorde diatonique conjoint ou disjoint, & dont l'ordre des sons est simplement varié, en faisant commencer l'un par *ut*, l'autre par *ré* &c.

Le demi-ton de *si* à *ut* par où débute en montant le Tétracorde que je viens de citer, & sans lequel aucun repos absolu, dit en termes de l'art *cadence parfaite*, ne peut se terminer harmoniquement sur la *Tonique*, c'est-à-dire, sur la note par où le Mode commence & finit, & sur laquelle il roule : ce même demi-ton, dis-je, n'a justement lieu que dans le Mode soumis à ce Tétracorde : si bien que tous les autres Modes anciens n'ont que des finales apparentes en montant à cette tonique & nullement réelles, comme on s'en apperçoit assez dans la plupart des Chants d'Eglise.

Partout où manque ce demi-ton en montant à la *Tonique*, le sentiment du Mode qu'elle constitue ne peut se communiquer à l'oreille, & partout encore où il manque, l'Enharmonique ne peut se pratiquer : si donc les Grecs

Grecs ont donné à ce dernier genre le titre de *doux*, apparemment qu'ils en faisoient consister la douceur dans le mollement, seul moyen par lequel ils en ont pû faire l'épreuve : aussi ce mauvais goût n'a-t-il pas subsisté longtems parmi eux, & bientôt en a-t-il été banni tout-à-fait.

Comment est-ce que les partisans des Modes anciens ont pû ignorer que différens Peuples attribuoient différentes expressions à un même Mode? Ceux-ci vouloient que le Mode Phrygien fût menaçant, furieux, parce qu'on y éxécutoit des Airs vifs, dont le seul mouvement pouvoit exciter le courage, la colére, sur des Instrumens éclatans & bruians : ceux-là vouloient, au contraire, que ce même Mode fût triste, lugubre, parce qu'ils l'entendoient, dans des Entretemens, sur des instrumens doux, avec des airs lents (*a*) : de sorte que les uns & les autres attribuoient pour lors au Mode même ce qui n'étoit occasionné que par le son de l'instrument & le caractère des airs. La même contrariété de sentimens, à l'égard de quelques autres Modes, se remarque encore entre différents Auteurs Grecs ; mais il falloit,

(*a*) Chap. V. de la IVe. Partie des Institutions harmoniques de Zarlino. On trouve encore dans Ptolemée dequoi autoriser cette citation.

ou passer sous silence de pareilles anecdotes, ou se taire sur le compte d'une antiquité qu'on vouloit préconiser à quelque prix que ce fût, M. Rousseau semble vouloir suivre le même parti sur la question présente, & s'il ne la porte pas jusqu'à sa fin, c'est apparemment pour en prendre occasion de nous en prescrire les loix, selon ce qui va bientôt paroître, ou du moins pour en suspendre le jugement jusqu'au mot *Genre* où il renvoye; ce qui lui est assez familier; ayant également renvoyé à *genre* au sujet du *Chromatique* (a), à *Préparer* pour

(a) Dictionnaire Encyclopédique lettre C, p. 387, 2e colonne.

la préparation de la dissonnance (a), & à *Cadence* pour autoriser une fausse conséquence de son imagination, où il interpelle *les vrais principes*, *la raison*: ne s'en est-il jamais écarté? on va voir, du moins ici, ce qu'on en doit penser. Au reste s'il a déja oublié de rappeller ce dernier renvoi, n'y a-t-il pas lieu de craindre qu'il n'en fasse autant des autres.

Ces sortes de renvois sont des moyens assez adroits pour éluder des solutions difficiles & quelquefois impossibles; ou du moins pour tenir en suspend sur des idées chimériques, sur de

(a) Ibid. lettre D. p. 1030 2e colonne, 3.

mauvaises critiques : celui de *Cadence*, par exemple, dont voici la teneur, est justement dans l'un & l'autre cas : *ainsi par les régles ordinaires, l'harmonie qui naît d'une succession de dissonances descend toujours, quoique selon ses vrais principes & selon la raison, elle doive avoir en montant une progression toute aussi réguliere qu'en descendant*. Voyez *Cadence* (*a*). Opinion absolument détruite dans les Erreurs précédentes, page 96, & la suite ; mais capable cependant de séduire le Lecteur au point de croire la chose possible, ou de l'entretenir dans le doute jus-

(*a*) Ibid. p. 76, Lettre A. 2e colonne 1.

qu'à ce qu'il en ait trouvé la vérification dans l'article de *Cadence*, où l'on ne la rappelle point, excepté qu'on n'y veuille faire rapporter cette régle pleine d'erreurs : (a) *la Sixte & l'octave montent sur la tierce & la quinte de l'accord suivant, tandis que la quinte & la tierce restent pour faire l'octave & préparer la Sixte* : régle qui cependant n'est nullement annoncée comme preuve de l'article d'où l'on a renvoyé.

Pour sentir toute l'incongruité d'une pareille régle, il suffit de se mettre au fait des premié-

(a) Ibid. p. 514. Lettre C. seconde colonne, pénultième alinea.

res loix de la Nature dans les successions, tant fondamentales, qu'harmoniques,

On voit dans toute succession donnée par les rapports tirés du principe, que les nombres ne se surpassent jamais que d'une unité : moyen dont Zarlino même s'est servi, comme d'une heureuse découverte, partout où il s'est offert à lui pour démontrer la vérité d'une succession : d'un autre côté, la régularité de l'accompagnement, la plénitude de l'harmonie, l'oreille, le goût, tout y souscrit.

Exemple de la *Cadence irréguliere* dont il s'agit, où pour lors la *Sixte* s'ajoute au premier des deux accords parfaits qui forment cette *Cadence*.

5e.	8e.
sol.	*sol.*
12.	12.
5e.	3e.
mi.	*ré.*
10.	9.
8e.	3e.
ut.	*si.*
16.	15.
ut.	*sol.*
2.	3.
B. fond. le	

Ici la *quinte* reste pour faire l'*octave*, comme on le dit, 12, 12, 6. 6., ou 3. 3. c'est tout un, les nombres doublés ne représentant jamais que des *octaves*; mais la *tierce* 10. descend sur la *quinte* 9; & l'*octave* 16. sur la *tierce* 15. Tel est l'ordre primitif duquel on ne peut déroger sans en détruire tout l'agrément dans un fond d'harmonie, excepté que le goût du chant n'engage à varier la succession légitime des consonnances, comme cela se peut, en donnant à l'une ce qui tombe de droit à l'autre.

Quand on ajoute la *Sixte* à l'accord parfait d'*ut* pour former la *Cadence irrégulière*, c'est une additon de goût qui n'est point absolue, & qui sert seulement à prévenir plus décisivement l'oreille sur une cadence, effectuée d'ailleurs par la seule harmonie fondamentale d'*ut* à *sol*.

Il est vrai que la *Sixte ajoutée* formant une dissonnance majeure qui doit absolument monter sur la *tierce*, il vaut mieux, en ce cas, faire monter l'*octave* sur la *quinte*, que la faire descendre sur la *tierce*, parce que, selon les loix du principe, la *quinte* se trouve doublée avant la *tierce*; mais ce mieux n'est pas absolument de droit; 1°. le goût du chant peut s'y opposer; 2°. on peut se passer de la *Sixte ajoutée*, & pour lors cette *octave* rentre dans tous ses droits.

Quant à la *tierce*, elle doit nécessairement descendre sur la *quinte*, sans pouvoir jamais *préparer la Sixte* comme on le dit; la *Sixte ajoutée* au premier accord annonce une *Cadence*, ou repos, qui doit toujours se terminer sur le deuxiéme accord, avant que celui-ci puisse recevoir de nouveau la *Sixte ajoutée*, selon l'énoncé des précédentes Erreurs à la suite de la pag. 96. où je viens de renvoyer ; qui plus est, la *Sixte* qu'on prétend faire *préparer* par cette *tierce*, est une dissonnance majeure, qui ne doit jamais se préparer. Je ne m'étonne plus si l'on a renvoyé à *Préparer* au sujet de la préparation de la dissonnance, puisqu'on prouve ici, sans y penser, l'ignorance où l'on est sur cet article.

Pour faire naître encore du mystère sur l'Enharmonique, M. Rousseau dit : *Comme ce genre est assez peu connu, & que nos Auteurs se sont contentés d'en donner quelques notions, nous croyons devoir l'expliquer ici un peu plus clairement.*

Comme ce genre est assez peu connu, les Grecs le connoissoient-ils eux-mêmes ? Est-ce assez du titre & de l'intervalle pour en conclure ? Eh ! comment conclure sur le titre & l'intervalle, s'ils ont dû paroître diamétralement opposés ? Cette opposition ne devoit-elle pas être traitée avant toute chose ? N'est-il pas du ressort des Dictionnaires de donner d'abord l'étymologie des mots composés ; surtout quand ce sont des termes scientifiques, dont les parties concourent d'ordinaire à donner l'idée la plus distincte de la chose qu'ils expriment (*a*) ?

(*a*) Pourquoi négliger cette étymologie ?

Si en ce cas nous trouvons dans toutes les racines grecques que *ἐν* signifie *dans* & jamais *hors*, comment accorder ce mot,

après avoir donné celle de *Diatonique* & de *Chromatique* ? pourquoi renvoyer à *Genre* au sujet de l'*Enharmonique* & du *Chromatique*, sans en avoir fait autant à *Diatonique* ? Ne sont-ce pas trois genres différents ? Et lorsque le mot emporte avec soi un genre particulier, n'est-ce pas la première chose dont nous devons être instruits ? ne faudroit-il pas un volume entier pour expliquer les différents genres des choses qui en sont susceptibles, si l'on renvoyoit à *Genre* à chaque mot qui les exprime ? n'est-ce pas abuser de la confiance des Curieux, qui comptent trouver à un mot ce qu'ils n'y trouvent point ? il faut donc qu'ils attendent : hé bien ! patience ! du moins le mot *Genre* viendra-t-il plutôt que celui de *Préparer*, auquel on a aussi renvoyé pour ce qui regarde la *Préparation des Dissonnances*.

Enharmonique, qui signifie pour lors *dans l'harmonie*, avec le quart de ton, qui effectivement est hors de l'harmonie ?

On voit assez par cette seule opposition du titre & de l'intervalle, que tous les Admirateurs de la Musique ancienne n'y ont applaudi que parce qu'ils n'y comprenoient rien. Qu'ont-ils pû comprendre d'ailleurs par des systêmes toujours remplis de faux rapports ; & par des Modes fondés sur ces systêmes ? Si *ἐν* a signifié *hors* chez les Grecs, dans cette occasion, c'est ce que nul n'a encore expliqué ; & quand même cette signification auroit eû lieu parmi ces Grecs, tous leurs raisonnemens sur ce sujet ne les exempteroient pas moins d'erreurs.

Comme ce genre est assez peu connu, & que nos Auteurs se sont contentés d'en donner quelques notions. Eh! quelle notion auroit-on pû donner d'une chose incompréhensible, en ce qu'elle est impraticable de la maniere dont elle est exposée? M. Rameau, par exemple, ne paroît pas avoir prétendu parler de l'Enharmonique des Grecs, quand il en a donné les loix dans sa *Génération harmonique*, p. 149. article 11, il s'y est seulement servi du terme en usage, & je ne doute point que, comme moi, n'ayant pas consulté les racines grecques, il n'ait toujours crû que *u* signifiât *hors*.

Nous croyons, continue l'Auteur, *devoir l'expliquer ici un peu plus clairement*. Quelle est cette explication? c'est justement celle qu'en donne, mot pour mot, M. Rameau à l'article de sa Génération harmonique, où je viens de renvoyer, & où il n'est effectivement question que des quatre Modes cités dans l'explication, mais on doit se souvenir que j'en ai accusé douze dans les Erreurs précédentes, p. 56.

Comment accorder ces deux phrases, *& comme nos Auteurs se sont contentés d'en donner quel-*

ques

ques notions, nous croyons devoir l'expliquer &c. Lorſque l'explication eſt tirée mot pour mot d'un Auteur qui par conſéquent a donné plus que *quelques notions* de la choſe ?

La notion que donne d'ailleurs Zarlino de l'Enharmonique des Grecs eſt des plus claires (*a*), & je crois qu'on peut le mettre au nombre de nos Auteurs ; on y trouve, entr'autres, une remarque qui prouve bien l'ignorance dans laquelle ces Grecs ont été ſur l'origine du ſyſtême de Pythagore. Les Anciens vouloient, dit il,

(*a*) Fin du Chap. 16. de la ſeconde Partie des Inſtitutions, où ſe trouve expoſé le *Tetracordo Enharmonico antico.*

que le *Diezis*, c'est-à-dire ici, le *quart de ton*, fût la moitié du demi-ton mineur.

Outre que la Nature nous apprend que c'est toujours de la division du plus grand des deux intervalles qui en composent un autre, que doit se former celui qui convient à l'harmonie, & par conséquent à la mélodie ; de sorte que le quart de ton auroit dû se tirer pour lors de la division du demi-ton majeur, s'il en eût pû dériver, c'est que dans la progression triple, le demi-ton de *si* à *ut*, le seul naturel, celui qui doit être majeur, celui là-même que Pythagore a nommé *Leimma* pour passer de la Tierce majeure à la Quarte, se trouve justement moindre que le mineur d'*ut* à *ut diéze*, par les faux rapports que cette progression, jointe à la double, leur assigne : il est vrai que, comme je l'ai déja dit, la différence de ces deux demi-tons est insensible dès qu'on les isole, c'est-à-dire, dès qu'on voudra entonner l'un ou l'autre seul, sans le secours d'aucun sentiment de modulation : au lieu qu'en les entonnant de suite, le majeur, le *Léimma*, coule de source, en se présentant toujours le premier, & le mineur qui vient ensuite ne s'exprime point sans qu'il n'en coute de façon ou d'autre. Ce qui prouve bien que les Dogmatistes Grecs en Musique n'y ont guéres consulté l'oreille, puisqu'ils ont été insensibles au contraste étonnant entre leurs demi-tons, & ceux qui se tirent de la résonnance du corps sonore, & qui seuls nous sont suggérés, le majeur comme naturel, & le mineur comme l'étant beaucoup moins.

Infatués sans doute de leur hypothèse, ils s'en sont tenus aux calculs qui en découlent; calculs dont la fausseté naît de la fausse idée qu'ils avoient des Tierces & des Sixtes; Idée dont la fausseté naît de ne s'en être rapportés qu'à la seule octave divisée par la Quinte & la Quarte : Quinte dont la division à laquelle ils se sont tous refusés, donne, de son côté, deux Tierces également consonnantes : ne voit-on pas encore Ptolémée s'applaudir, non d'avoir trouvé le ton mineur, & en conséquence les vrais rapports des Tierces & des Sixtes ; mais bien d'avoir trouvé le tout à l'aide de la même hypothèse.

Voilà les garans dont M. Rousseau s'autorise aujourd'hui ; il préfére les ténébres, à la lumiére qui s'offre de tout côté ; & nous renvoye bien loin, aux risques d'oublier les renvois comme il l'a déja fait. Pouvois-je avoir en vûe tout autre que lui, lorsqu'à la fin des Erreurs précédentes j'ai dit, *je ne me suis étendu* &c. *que pour mettre les Editeurs sur la voye* &c. puisqu'il y est seul répréhensible?

Au reste, ces mots *les Editeurs*, ne sont pas de mon chef; & certainement je ne les aurois pas adoptés, si j'eusse pû soupçonner que ceux qui n'ont point de part aux Erreurs s'y fussent crû compris; qui plus est, M. Rameau, à qui j'ai communiqué ces Erreurs, & qui m'y a même aidé par ses conseils, m'a toujours recommandé d'avoir les plus grands égards pour les principaux Editeurs du Dictionnaire ; ce sont des Philosophes, m'a-t-il dit, que j'estime infiniment, & que j'ose regarder comme mes amis, ayant enseigné pendant plusieurs mois, à l'un d'eux, tout ce qu'il a desiré savoir de la Musique Théorique, lui ayant fourni des Manuscrits en grand nombre sur la Théorie & la Pratique de cet Art, & lui ayant même offert d'examiner ceux qu'on lui fourniroit d'ailleurs.

Lû & Approuvé ce 3. Mars 1756.

TRUBLET.

www.ingramcontent.com/pod-product-compliance
Ingram Content Group UK Ltd.
Pitfield, Milton Keynes, MK11 3LW, UK
UKHW020418220726
13923UKWH00005B/2025